Colección Ladera Este

Poemastro

José Alejandro Peña

Segunda edición
corregida y ampliada

EDITORIAL
NEPTUNO

Tampico, Tamaulipas,
México

C o l e c c i ó n   L a d e r a   E s t e

(D i r i g i d a   p o r   T e r e s a   C a s t i l l o)

e-mail: laderaeste@editorialneptuno.com

e-mail: teresa@editorialneptuno.com

EDITORIAL
NEPTUNO

F r a n c i s c o   V i l l a   6 0 5 - 2
C o l o n i a   T a n c o l
T a m p i c o ,   T a m a u l i p a s ,
C .   P .   8 9 3 2 0
M é x i c o

Teléfono: +52 (833) 844-6557

w w w . e d i t o r i a l n e p t u n o . c o m

e-mail: libros@editorialneptuno.com

Esa otra realidad aparte: significación y desarraigo en la poesía de José Alejandro Peña

I

Hay libros insignificantes que se escriben y publican a diario en todo el mundo. Eso no es noticia para nadie. Pero hay libros que se escriben una sola vez cada mil años: *Poemastro*, de José Alejandro Peña (Santo Domingo, República Dominicana, 1964) es uno de esos libros raros, hermosos, profundos e inquietantes, tocados por el ángelus de la poesía auténtica, que da gusto leer y volver a leer cada cierto tiempo. ¿Qué lo hace tan especial, qué lo distingue y separa del resto de las producciones poéticas más comunes de este siglo XXI?

Es una poesía que motiva a soñar, que desafía el pensamiento y lo arrastra a sus límites humanos. Puedo decir, sin temor a equivocarme, que estamos ante un libro magistral e imperecedero, cuyas características no están reducidas al escarceo ni a la mera visualización de objetos y situaciones en un marco de realidades diversas o específicas. El autor de *Poemastro* desaparece y queda en el espacio vacío, el poema como una totalidad, no se reduce a decir o hablar, ni siquiera es lo que se habla entre los dientes, es un salto de una orilla a otra: se rompen los esquemas y se empieza de cero, desde una ausencia que se quiere absoluta.

Desde el primer poema hasta el último del libro, encontramos registros imperativos: denominaciones, efusiones, declaraciones, provocaciones, insinuaciones, paradojas, sinestesias, sinonimias, reiteraciones, personificaciones, símiles y metáforas y toda una serie de enunciados que tienden a producir en el lector asombro; y es así, porque el poeta se sirve de una particular manera de encadenar versos inusuales, combinándolos con momentos cotidianos de raigambre psicológica profundos y llenos de vitalidad expresiva y de un fuerte contenido emotivo. La emotividad sistemática es tal vez el ingrediente más puro y dinámico, está arraigada al sentimiento como fuerza motriz de cualquier encomienda humana, conecta lo sombrío de las personas con su parte luminiscente. De ahí que estos poemas encuentran fácil asidero en la mente del lector, sea éste demasiado excéntrico y exigente o un mero aficionado.

Cada creación poética sobrelleva su razón de ser, proporciona los componentes suficientes que magnifican su grandeza o minimizan su pequeñez. El ser del poema obtiene su sustancia de la realidad circundante, de lo cual el poeta es —para decirlo bien— un proveedor de actos voluntarios que están continuamente emergiendo de su sensibilidad o percepción.

Poemastro está dividido en tres partes: la que da título al libro (Poemastro), Los perfumistas celebérrimos y Fonógrafo alquilado. Vamos a referirnos a cada parte, de modo que nos sea más fácil acercarnos a esta obra breve, pero monumental en su esencial configuración.

***

La palabra "poemastro" no está en el diccionario de la Real Academia Española (R.A.E). Se deriva de "poetastro", que significa mal poeta. Un poemastro, entonces vendría a ser un poema mal escrito, un tollo, una amalgama carente de encanto y belleza, algo así como una caricatura de lo que sería un buen poema. El autor de este libro, encariñado con las paradojas y el humor negro, en su *Poemastro*, da testimonio de que los poemas contenidos en su libro, están muy lejos de ser malos poemas, no son mamotretos ni panfletos, ni obedecen a consignas de mal gusto. Lo que tiene el lector en sus manos es un libro de alta poesía, alucinante, fresca, con vueltas expresivas que dejan a cualquiera con la boca abierta o "tragando en seco" o simplemente atraído, seducido por un lenguaje que sabe crear su realidad, una realidad aparte, desplegada hacia múltiples factores poéticos, de una riqueza pocas veces vistas en nuestro idioma y en nuestro continente.

Así, en el primer poema del libro, el poeta se expresa, con indudable destreza formal, diciendo y contradiciendo aquello que funciona como punto de arranque y medida de las dualidades comúnmente encontradas en la vida de todos, pero aquí se nos dan como fenómenos en atrevido movimiento, en un espacio cerrado, comprimido al extremo:

El agua se apoza
en mitad de la calle
el aire en mitad del fuego
se ha dormido.

Una pedrada derrumba
la sombra del águila
que logra sostenerse
en el color que falta
al arcoíris.

Rueda por las escaleras
medio roto
el ruido avaro
de la incertidumbre.
El fuego está disimulado
en los roperos vacíos.

En los roperos vacíos

disimulan el amor
las arpas solas.

[*Poemastro 1*]

Hay, en todo el libro, una constante lírica de transposición verbal, que devuelve a las palabras un peso crónico de contrasentido y franca voluntad de logos, como si el poeta buscara posesionarse de una clara visión a la retaguardia, creando una "defensa de la poesía" desde el poema mismo. Esto implica reflexión y cuidado, atracción y vigilancia, control sonoro y majestuosidad en las pistas a seguir, contenidas en una fuerza activa que podríamos llamar orgánica. Al mismo tiempo, otra fuerza producirá los efectos irreflexivos que posesionan a esta poesía de nuevas armas contra el estatismo, uno de los males de nuestro siglo, al menos en lo que se refiere a la poesía como tal.

En estos poemas, Peña tira siempre hacia lo desconocido, es decir, vira y vuelve a virar hacia adelante, siguiendo su propio impulso vital, dado por la palabra que se confiesa ante todos como "culpable", niega al afirmar y viceversa. Su genealogía se encuentra, sin duda, en la poesía surrealista francesa: Benjamín Peret, André Bretón, Rimbaud, entre otros.

Estamos pues ante una poesía de choque, de insumisión, de resistencia y de aguante, que no cede a los guiños de ojos del *establishment*. Todo lo contrario, se rebela en contra de todo lo que signifique una camisa de fuerza contra la libertad del hombre y contra la "mutilación" y la "domesticación", signos de una maquinaria opresiva, que asfixia todo lo que es auténtico.

***

Poemastro, publicado en marzo de 1983 por la casa Editora Centro, hace ya 38 años, significó entonces para su autor, una búsqueda y múltiples hallazgos poéticos que hoy se reorganizan en este volumen especial.

Con el paso del tiempo, la poesía de José Alejandro Peña, ha alcanzado niveles de maestría que la privilegian, ganando así un espacio muy especial entre sus lectores, dentro y fuera de su país de origen.

***

Todo nos lo da mediante la simbología, de la que se me figura, un poeta despierto, lúcido, atrevido y un tanto hermético al grado de lo genial, participando de momentos surrealistas que caben dentro de lo que es, no por accidente, ejemplar. Dudo que alguien pueda contradecir estos puntos de vistas sin caer en el cretinismo de la peor calaña, asunto que ha de esperarse, viviendo en una época que no admite otros valores que los *antivalores*. Somos protagonistas de un mundo en constante descomposición, que aprueba la "mala poesía" y desaprueba la poesía magnificente.
Estos poemas, sin pretender ser poemas "de ocasión" denuncian estos estados de descomposición de la vida socio-económica y política, continuamente, y lo hacen poniendo el dedo en la llaga, es decir, adrede. No son poemas "sociales" o de "compromiso", son poemas del completo desarraigo, de la más decidida vocación de alejamiento y rechazo, entrando en una zona desprovista de simulación poética o pose esteticista de "buen samaritano". Aquí, en estos poemas, encontramos a ese "hombre rebelde" del que

nos habla Albert Camus, habitante de una sociedad violenta, aterradora y viciosa como la peor peste jamás vista.

Aparte de estos detalles, hay otros que pueden llegar a ser conmovedores —y sí que conmocionan en más de un sentido—: me refiero a la *primitividad expresiva*, colindante con un margen de comprensión formal en cuanto a la modulación de la imagen y sus variadas proyecciones y desviaciones. En estos poemas reparamos en un detalle: la fragmentación de la escritura poética, conlleva a una especie de desolación del espacio que ocupa. O, dicho con mejores palabras: el poeta es alguien que nos ve desde una distancia saludable, interviniendo en la realidad como uno de la "tribu humana". Crea "la chispa" que unifica y *desunifica* las nomenclaturas verbales y semánticas dentro de una coherencia no lineal de las voces invocadas, convocadas y revocadas por el hálito del estremecimiento psíquico. En esto, la expresividad poética, privilegia la semilla como único germen de la fertilidad de la emoción. Esta primitividad es genuina y garantiza su expansión mediante la modulación y matización de la metáfora inusual como "piedra de toque". Gaston Bachelard se refiere a la "semilla" de la imaginación ardiente en uno de sus libros principales: La poética del espacio. El poeta encuentra en la semilla el germen de la poesía auténtica, teniendo en cuenta que la imaginación es solamente un ingrediente de la composición poética y no la determina por sí sola.

Entre la hierba un viejo halcón
batía sus alas
atrapado por los gritos atrabiliarios
de las piedras rasgadas
                duras

como el ojo ávido de un buitre
y transparentes como el eco
del agua que se escurre.

[*Poemastro 8*]

En *Poemastro*, la *primitividad* de los hablantes líri-
cos es *asociativa*, y solamente después es otra cosa,
pasa de la observación a la participación. La palabra es acción y conmoción. Todo está vivo en esta
poesía, que se enriquece tanto de lo pasivo como de
lo activo, aumentando su potencia de arriba abajo y
de un margen a otro, sin fijar límites. Este rasgo de
su poesía, lo ubica entre los grandes poetas del siglo
pasado y de este siglo reciente, tomando en cuenta
que lo que queremos significar con *primitividad asociativa* no es otra cosa que la perspectiva del poeta
ante un decorado. Este decorado que no es nada sino
el mundo mismo, visto en segmentaciones y proyecciones incompletas, disparejas y concretamente
opuestas, vibrando como las chispas de un motor, no
necesitan definición. Las palabras escogidas por el
poeta son su punto y aparte dentro de unas reglas
particulares que el poeta maneja a su antojo. Sus
poemas comprueban la consciencia que los deter-
minan, lo comprueban en la forma que comportan.
Esta poesía es poesía de la forma y del ritmo, aunque
también lo es del sentido: es de una fuerza expresiva
homogénea. Marca su propia unidad de tiempo mediante la unidad formal y define su unidad formal
mediante el movimiento, que es ritmo y sucesión
vital del espacio ocupado por los golpes de voz, los
cambios y modulaciones de un temperamento aquí
concreto.

II

La segunda parte del libro está conformada por
catorce poemas que se amoldan a una forma dio-

nisiaca de la escritura poética. De la misma condición que *Poemastro*, los poemas que dan título a *Los perfumistas celebérrimos*, se cargan y descargan de una energía originaria que va achocar con el lector de hoy, precisamente porque no acepta encajar con nada ni parecerse a nada, excepto a una apariencia inconcebible e inabarcable, a un descomedido propósito de distanciamiento extremo con la realidad literaria de un mundo agonizante, tal vez demasiado simple para una poética del desplazamiento, que quiere y requiere más espacio y menos opresión psicológica. En su poema *Ciudad*, notamos este requerimiento, en un lenguaje donde la imaginación es más sencilla o más directa, claramente expresada, la cosmovisión de un mundo hórrido está presente desde la primera línea, matizada por una resolución despejada, si se quiere, trivial, pero singularmente apreciable:

La ciudad es pequeña y miserable
y huele a flor de clavicordio
o a lenteja podrida
en una funda luminiscente
de papel.
Es jueves por la tarde
y casi ya se siente
la fresca brisa del mar.
Poco a poco se va llenando
de paseantes y mendigos
todos muy apuestos y corteses
con el rostro cubierto
por el sol tropical.

[*Ciudad*]

Luego viene el remate, con otra grafía y otro azar, que escapa a lo laberíntico de los juegos metafóricos, presentes a lo largo de todo el libro, de conjunto se trata de levantar un puente entre las causas y fenómenos derivados de esas causas:

Voy despacio por la acera
leyendo unas palabras
en el diccionario
palabras que uno olvida
para luego acordarse.
Una señora vestida de duquesa
escupe desde el sexto piso
y su saliva parsimoniosa y dulce
cae en mi cabeza.
Yo enciendo un cigarrillo
y sigo andando.

[Ciudad]

El mundo de la ensoñación se encuentra bien esque-
matizado en esta poesía que va de lo urbano a lo ín-
timo del individuo, sin caer nunca en un intimismo
insubstancial o vacío, cede espacio a la voluntad de
decir o de imaginar: decir e imaginar hacen rejuego
con los objetos imaginados, con las causas y conse-
cuencias, coincidiendo en un clima de provocación,
de impulsividad poética.

La insanidad de las palabras y su sistema de au-
toanulación, confluyen, sacando de lo oscuro una
luz especialmente difusa, oscureciendo un poco lo
demasiado vital, en una especie de arrebato medido y pensado. Esta poesía, que es toda presencia y
temblor, vértigo y soledad, busca la inmanencia y
relevancia de la ausencia. ¿Qué da mayor sentido al
vértigo que no sea la soledad o la ausencia? Ausencia que se nos muestra como un vacío impermeable.
Esta parte del libro es tal vez la más cruda, la más
fuerte y, sin duda, la más propensa a tropezar con la

sensibilidad del lector, hiriéndola, sacándola de sitio. De hecho, todo el libro está diseñado como arma
de defensa contra la insipidez y la desarticulación
de los valores positivos que el mundo exhibe con
morbosidad y complacencia. Cada parte del libro
funciona como una continuación de sucesos intrínsecos del mismo lenguaje del que está compuesta.
Una parte anima la otra y, al mismo tiempo, opera
como organismo de supervivencia ante el derrumbe
continuo de las palabras. Cada parte respira sin pedir prestado oxígeno a las otras partes. Cada poema
es también un mundo en sí mismo; y se basta con los
trozos de realidad y esencia que proyecta.
Lo que nos parece bastante relevante de esta poesía
es cómo se organiza y despliega el contenido humano, combinando elementos opuestos o situaciones
absurdas, todo con un lenguaje sencillo y limpio que
atraviesa continuamente la mente del lector, ll*e*vándolo a un extremo de invulnerabilidad y asombro
y todo de un instante a otro. Una sola palabra bien
puesta hace la diferencia. Es lo que captamos de esta
poesía de lo absurdo y de lo humano. En el poema
que titula *"La ventisca"*, están los ejemplos de lo que
he dicho más arriba. El poeta crea la ausencia cuando dice: "se ha llevado mis papeles la ventisca" y esa
ausencia se agudiza más en los versos subsiguientes. Luego, en los últimos cuatro versos, se da lo paradojal: la presencia de "otro sol" que "seca poco a
poco la laguna".

Se ha llevado mis papeles la ventisca
se ha llevado el sol y las gardenias
se ha llevado a mi perro
que era manso y solo tenía un ojo.
Hay otro sol detrás de la ventisca

un sol que desespera a las gallinas
y seca poco a poco la laguna.

[*La ventisca*]

No pretendo ser exhaustivo ni excederme en mi presentación con elogios inmerecidos, que estoy seguro que cualquier crítico o conocedor de poesía admitirá lo que voy afirmando y detallando sobre este poeta desconocido en México y tal vez también en su país. José Alejandro Peña, en estos pocos poemas, se nos presenta como un poeta cabal, de fibras auténticas, que sabe dirigir y redirigir las voces que convoca e invoca, desembocando en una línea neosurrealista y neobarroca, emparentada con los más exquisitos poetas del recién pasado siglo XX (José Lezama Lima, Octavio Paz, César Vallejo, Vicente Huidobro, Ezra Pound, T. S. Eliot, etcetera).

III

La última parte del libro (*Fonógrafo alquilado*), sigue la línea hermética de las otras dos partes anteriores. Podemos agregar a todo lo ya dicho sobre este poeta lúdico, mordaz, agudo, con verdadero sentido de la ambivalencia y la concatenación de imágenes casi visuales, que hay, en su cosmovisión fenoménica una tendencia estoica, que comprende su propia *marginalidad* como una situación creada de antemano, esto significa que su realidad fundamental es otra, que su mundo es otro y que el aliento que recibe, lo devuelve enriquecido. Sus voces son permanentemente voces, elementos y entonaciones congregados con un propósito bien definido y un plan de acción que le permite vivir y crear desde dentro, desde una orilla, sin perturbaciones mayúsculas. Los poemas que llevan por título *Fonógrafo alquilado* combinan lo aparentemente anecdótico con el canto, así, de un pasaje a otro, el poeta nos envuelve en un mundo sinigual, un mundo sacado de las pesadillas de este mundo. Veamos los siguientes ejemplos:

Las mujeres fabricadas en serie
paren de vez en cuando una
golondrina de cartón barato
animadas por un cordón de estambre.
Se perfuman primero los talones
luego el largo cuello por donde
se deslizan los cíclopes borrachos
y los acróbatas ya viejos
que vuelven a pintar de verde
las hojas que cayeron del manzano.
El manzano entre las piedras planas
y los copos de nieve sin manchar
cuyo color real colinda con el óxido
de las blancas orejas acolchadas
se ve solo e inquieto
como si le dolieran las muelas
o el estómago.
Es un viejo amigo y me preocupa.

[*Mensaje psicodélico*]

La lluvia trajo grajas
intenciones metafísicas
paraguas con varillas oxidadas
abalorios desprendidos
o craqueados
tachaduras con globitos
y esqueletos de murciélagos

y trajo una madeja tosca

y un barril de vino antiguo.

Entre las muchas piezas de museo
trajo un brazo de Pericles
y la máscara de un fauno.

Trajo un mirlo disecado
un genuino abracadabra
unas gafas de sol
del paleolítico
un gusano estrafalario
con cabeza de canguro
un tambor de puros
hilos telegráficos
y una flauta japonesa
que no suena.

[*Piezas*]

En esta parte del libro vivimos la experiencia de un
cantor de imágenes agrupadas, superpuesta, a veces
creando paralelismos o ajustando los tonos a sus va-
riaciones incesantes, que tienen por norte un dejo
de absurdidad pluridimensional. Los poemas son
amalgamas de voces y sonidos entretejidos, buscando el modo de desenredarse de una realidad para
enredarse a otra; y, al hacerlo, crean contracción,
chocan, desorientan y fascinan a la vez. Está bien
claro, que el poeta de estos poemas, tiene una clara consciencia de su oficio. Es por eso que decimos,
casi en voz baja, para enterar solamente a una bue-
na parte de nuestros amigos, que poeta es alguien
consciente de que tiene algo que decir, algo muy
suyo, urgente y vivo; y lo dice. Su experiencia, una
experiencia retocada con el rigor del arte, es lo que
recibimos con el nombre de poema. Dicho esto, para
volver a subrayar la importancia de la poesía de

José Alejandro Peña, importancia que no se limita a decir, a expresar y comunicar palabras y acciones, sensaciones y concepciones. El poeta da un punto de vista que, a lo mejor, nos era desconocido, pues al igual que el pintor expresionista abstracto, no sabe adónde lo llevarán las manchas de color o las palabras: ambos trabajan con imágenes y se contentan con las complejidades que consideran *"útiles"* a su propósito creador. En ambos casos, un poema o un cuadro, está impregnado de experimentación y novedad, que nos regala una mítica y también una erótica fácil de ubicar, una erótica que nos reanima y provoca y un humanismo, si se quiere desarticulado y furioso, pero muy necesario:

El olor del café me ha desvelado
el dulce olor a leche de tus pechos
me desvela.
Estoy sediento y muero
por un sorbo instantáneo
de tus pechos erguidos
rebosantes.
Ahora estás dormida y sueñas
con raudas galerías y naufragios.
Mi lado de la cama está inundado
de tus líquidos.
Me voy a caminar amada mía
con el olor a leche de tus pechos
en mi ropa.

[*Poemastro 7*]

Tulio Leucón Castro
10 de junio de 2021,
San Sebastián del Oeste, Jalisco,
México

Poemastro

[Poemastro 1]

El agua se apoza
en mitad de la calle
el aire en mitad del fuego
se ha dormido.

Una pedrada derrumba
la sombra del águila
que logra sostenerse
en el color que falta
al arcoíris.

Rueda por las escaleras
medio roto
el ruido avaro
de la incertidumbre.

El fuego está disimulado
en los roperos vacíos.

En los roperos vacíos
disimulan el amor
las arpas solas.

[Poemastro 2]

Se oyen voces de soldados
cuyos cuerpos mutilados
parecen peces diluidos
que escriben en los muros
acertijos y conjuros.

Mi madre está tejiendo
una canción entre la muda vena
del mirlo sofocado.

Es un día sucio y desolado
difícil o cruel como un espejo.

Los soldados agrupan
silencios inauditos
sobre la alfombra
mal cosida.

[Poemastro 3]

En mitad de la casa
los fantasmas conversan
silenciosamente.

Silenciosamente
saludo a mi vecina
que se asoma desnuda
a la ventana.

Su mirada se incendia
con la mía
mientras la media luz
nos une con su brillo indómito.

Los fantasmas conversan
silenciosamente
en mitad de la casa
entre montañas.

[Poemastro 4]

Nos damos a la luz o a la noche
cuando damos a los pájaros
una miga de pan
sabiendo que no
recibiremos a cambio
una botella de vino
ni las plumas de oro
del faisán chino
que desvía el destino
de los hombres.

Dar a los dioses presupone
venganza y soledad
toda bajeza equivale a pudrirse.

Dar un espejismo
en forma de corteza
equivale al más
asqueroso emblema
de naufragio
un episodio intenso
de nadería y placer.

[Poemastro 5]

Y dijo la sombra
que a sí misma se refleja
separándose:
demos a la erudita negación
de lo enigmático
una franja de luz que la supere
sumemos libertad y vacío
a los miopes pantanos
evanescentes
dibujemos el melómano armazón
de un crucigrama inapreciable
delimitemos de una vez
los anchos mutismos del poema
que quiere ser la espina y no la rosa
dejemos que circule
alrededor del muro inalterable
la ingobernable muchedumbre omisa
y si se arruga demasiado
la túnica del sabio
que no se nos marchite
el corazón con luz de sol
ni con hierbas de aroma
ni con garras de tigre.

[Poemastro 6]

Y vino el buitre y se posó en mi hombro
revoloteó un instante sobre el vistoso
roble que pendía de una cuesta
en el crepúsculo.
Entre la hierba un viejo halcón
batía sus alas
atrapado por los gritos atrabiliarios
de las piedras rasgadas
                          duras
como el ojo ávido de un buitre
y transparentes como el eco
del agua que se escurre.

Las sofocadas rocas esparcían
un fresco olor a sal.
El halcón sangraba sin saberlo
una sangre sin vida
como loto traumado.

El buitre abrió sus alas nervudas
y anchas como las mariposas negras
en invierno
mientras del otro lado del lago
los caimanes trasnochados
mordían los trozos de bambú
de una escalera bajo el agua.

[Poemastro 7]

El olor del café me ha desvelado
el dulce olor a leche de tus pechos
me desvela.
Estoy sediento y muero
por un sorbo instantáneo
de tus pechos erguidos
rebosantes.
Ahora estás dormida y sueñas
con raudas galerías y naufragios.
Mi lado de la cama está inundado
de tus líquidos.
Me voy a caminar amada mía
con el olor a leche de tus pechos
en mi ropa.

[Poemastro 8]

Murió Julio Cortázar
con su barba desenvuelta
llena de precauciones
como un pavo.

Estaban ebrias las rosadas
mariposas intensísimas
y el sol de la ciudad se calentaba
ante el idílico semblante
de una niña sorda
a la que le han crecido ya los pechos.

Murió como las hojas de caimito
sin que nadie lo notara
entre una y otra soledad sin tacto.

La muerte rasuró su barba trunca
boreal especulación de rosca y risco
sin dejarse arrastrar por las hormigas
tan robustas como un cielo
de cartucho y amapola.
Murió también la niña
      que yo amaba
              sorda
          alucinante
como el café mezclado
con whisky envejecido.

[Poemastro 9]

Cayó por la escalera de repente
aquel muchacho endeble
de cuadrada mandíbula violeta
y vocecita de emperador atormentado
vocecita de renovada marioneta
entre la bruma del domingo
que va calcando pómulos
y abriendo con la uña
una manzana.

Cayó.
Se levantó.
Salió a la calle
a contemplar el día
y regresó de noche
asustado por el viento
y sus pisadas.

[Poemastro 10]

Olvidó anudarse los zapatos
buscarse en el espejo
sonreír con precaución
a los fantasmas
escribir una nota que dijera
"trampa para ratones
avena o pan negro y mantequilla
una caña de pescar metálica
lombrices rubicundas
calabaza
y un trozo de canela
para el asma"

[Poemastro 11]

Hay quienes viven en manada
como locuaces macacos tropicales
o sádicos gorriones melindrosos
empujando rompiendo
doblegando una piedra
con celo o con rabia

diciendo "es mío este túnel
formado con baba"

pero yo
que soy manso
me empino para ver
lo distante
vivo solo en la montaña
entre añosos pinos
y liebres indómitas
atrapando aire limpio
con un pañuelo blanco.

[Poemastro 12]

Mi mujer está dormida en el sofá
con los pechos marcados en su blusa.
Está lloviendo y no hay paraguas
que me lleven de ciudad a ciudad.
Tomo algo de Balzac y me lo acabo
en una noche.
Mi mujer me lleva hacia la cama
medio muerto del cansancio.
Sus pechos en su blusa dibujados
al carbón me electrocutan.

Me sirvo un vasito
de Whisky con limón
sin hielo
en la semi penumbra
de nuestra habitación
donde hay salamanquesas
hormigas y murciélagos.

[Poemastro 13]

He visto hoy muy linda a mi vecina
con su vestido blanco de lino
o algodón. Su sonrisa es fuego
en una copa rota.
Su casa está cercada con alambres
de púa. La noche recién empieza
a descoserse entre ella y yo.

Nos acercamos con el alma
más que con el cuerpo.
Su alma tibia y loca
me va a desamparar mañana
cuando no existan la luna
el unicornio ni las formas
que crean en los lagos las nubes
morfinómanas.

[Poemastro 14]

Tengo un amigo que es agua
caracol de la cara del ángel
prisionero.

Me convida a beber vino
mientras recitamos poemas
de John Donne.

Estamos ebrios.
Él como sin darse cuenta
de sus propias amarguras
se suelta un zapato medio roto
y aplasta dulcemente
el cuerpo plano de una cucaracha.

Yo
en el umbral de la salida
me despego la cabeza
para pensar con los hombros.

[Poemastro 15]

Tengo un amigo angelical
terriblemente desvergonzado
que recita en inglés frases
de Shakespeare y uno
u otro poema de John Milton.

Él
feo como una Baco despistado
feo como un eremita demasiado
impreciso
se arremanga el bigote
para dejar entrever
las palabras nonatas
que le aprietan el pecho.

En silencio
con sarna horaciana
orina sobre un montón de
papeles manuscritos.

[Poemastro 16]

El jardín se ha ido poco a poco
arrinconando en mi cabeza.
Los conejos se comieron las rosas
y los perros están secando el árbol
con el pis.
El camino todavía está inundado
haciendo zanjas en los cuerpos
que se pudren.

[Poemastro 17]

Hoy he vuelto a sentir el mismo
escalofrío de otras noches
en los huesos quebradizos
o hechizados
ya sin pulpa.

Soy el último que sube
a esta hora al autobús.

En mi casa me espera
una tortuga que encontré
sobre la hierba fina
que separa el día templado
del día neblinoso.

Me espera mi vecina
que está siempre volteada
hacia mí
como una jarra con el asa torcida
una jarra para el aburrimiento
de los jueves por la noche.
Es rebelde como grano de algodón
que se ha partido en la humedad
del árbol inestable

desesperada y bella
se resbala en su ser

como la nieve en el sedoso
balaústre de hierro.

Mi vecina se parece tanto
a mi tortuga
que hasta siento escalofrío
al besar sus labios secos
y sin lengua.

[Poemastro 18]

Hoy escribiré un poema
que describa
alguna angustia del papel
que estrujo y tiro.

No sé cómo empezar
una palabra
sin borrar de mi voz
el tosco filo anaranjado.

No sé cómo pinchar
las cuatro llantas al camello
que va posiblemente a renacer
en forma de abedul o de
cerezo.

El abedul se atasca entre la brisa
disgregado
el cerezo su follaje pierde
enloquecido
tenue
melancólico.

[Poemastro 19]

Las escolleras juntan
cómplices ombligos
siderales
velludas bellotas
con fallebas
tronados dedos
de mujer encinta

entre bocanadas de humo
pantuflas desleídas
ebrios empinados
cartuchos de recolección
van las urracas
creando sórdidas
el cielo tácito del agua.

Las escolleras son inofensivas
si no se las ofende con miradas
altivas o frases nunca dichas.

Son inofensivas a los catres
y a los trenes veloces
que la noche no alcanza
con su angustia déspota
y su sediento séquito marrón
que atrae como polilla
a las gaviotas.

[Poemastro 20]

A mi paso los arbustos
echan a rodar
moscas y olivos
y una instantánea
savia anacoreta

mientras la tarde va pisando
parsimoniosa o enigmática
la borrosa mueca
de una angustia asimétrica

muy fina y como en oro
recubierta
fija como lebrel de alfombra
o máscara de carne
de ojerosa cobardía
inacabada.

[Poemastro 21]

Me siento a descansar
sobre una banqueta solitaria
en el parque donde mueren
ahogadas
las hijas sonámbulas
de Asclepio.

Al llegar la noche
me embriago con la brizna
amiga de los cuervos
novia de las ratas.

La brizna todavía virgen
retrasa las ventanas
que son tan melancólicas
o aleves como aquellos
apocalípticos payasos
tumbados en la yerba.

Los payasos se mofan
de la brizna y de la noche
y se mofan de las petulantes
albóndigas que avanzan
acariciando una gallina
medio muerta.

[Poemastro 22]

Nadie me ha visto
la costura de los labios
la tupida costilla descosida
con alma de azuloso zopilote
y un levísimo rayo de sol
desmoronado en la garganta

un rayo de sol calamitoso
rojo y desesperado como
una alfombra en un traspatio
pensativa
un rayo de sol dado
a los soldados
que agonizan

un rayo de sol comprado
en la farmacia
por diez peniques
y una pluma roja de avestruz.

Nadie este día dócil melindroso
ha tocado la llaga de mi frente
excepto aquellas liebres
que el viento despedaza.

[Poemastro 23]

Si te dijera que eres diáfana
como la luz de aquellos
rododendros impensables
te mentiría

si te dijera que eres
el fragmento de una máscara
también te mentiría

no eres como la luz de primavera
que se deshace y vuelve
eres la luz alegre y pura
entre las anchas hojas
del almendro

eres la prístina ebriedad
en el cantón de la espesura
eres la suavidad del color malva
eres lo leve y lo recóndito
lo salvaje del agua y su conjuro

eres lo indescifrable
de un comienzo tangible
eres lo que yo soy
cuando te busco
tropezando con mi sombra
sin hallarte

eres la sola ausencia de mí mismo
ante la loca rabia de los rascacielos
y la duda y la ansiedad y el frío
eres el sitio en la penumbra
donde se funden y confunden
los extraños deseos de inundar
tu claridad inescrutable

eres la línea que separa
lo blanco de lo negro

eres el torbellino y la hojarasca
la sedosa transparencia del temblor
de una mano en la neblina

eres el fijo azar de todo
la soledad que me escudriña
los huecos de la cara
y toda la palidez del mediodía.

[Poemastro 24]

Entre el rosedal y la arboleda
se afana el abejorro construyendo
con su ética hepática
columnas que son sueños

sueños héticos con hélices
y ruedas de aeroplano
para robustecer el alma
del bribón
que se enreda entre los hilos
de la fiebre
y el olor a pomada de
los ascensores confidenciales.

Allí quedan atrapados
en una red de sueño
los hombres que se empeñan
en crecer hasta el cielo

con un bombín de acero
un algodón ya rancio
una soga sin grasa
gruesa y lisa
y algunos dedos de la madre
que sobraban.

[Poemastro 25]

Los violentos muchachos
forrados con cartón
en días breves
huyen de la recóndita claridad
que los sofoca

bajo ilegibles perpetuos aguaceros
entre pequeños ratones bolcheviques
lacrimógenos paraguas sin varillas
y abrazos de mujeres que no existen

mujeres o artefactos
que ríen indecisas ante
el desamparo de sus muecas
ofreciendo a los vagabundos
el rojo abejorro de su sexo nervioso
a cambio de un pedazo de papel
indescifrable

o de un monóculo con teclas amarillas
borrosas teclas de un antiguo piano
de juguete.

[Poemastro 26]

La solemne embriaguez
del hormiguero
deforma la arboleda
con símbolos o anillos.

Adustos cuervos de alas rojas
proponen métodos macabros
y cierto misticismo psicodélico.

El viento entra despacio
a la costilla de la momia
reversible o pluvial
como un mamut.

Algunas plumas blancas
de codorniz
son arrastradas con las negras hojas
del manzano.

El torbellino tan vibrátil
o tan pérfido
hace de mi voz un páramo
y no un pez.

Con símbolos o anillos
de embriaguez
la solemne arboleda

deforma el hormiguero.

Sin definir ni trastocar
el fuego impuro
el bosque pasa de largo
y se devuelve.

[Poemastro 27]

Un páramo y no un pez
cambia las jacarandas inocentes
cambia por un pavor
las herraduras mórbidas

y el sopor que desalienta
los botones albos de mi
roja camisa

se cuela una vez más
por mis costillas flojas
haciéndolas sonar
como las cañas de pescar
cuando están viejas.

La sensación de anulación
trabaja desgastando
austeramente y expandiendo
soledad y brío.

Casi órfico
horadado
el metaloide no produce ya reflejo
el agua copia
con pueril intención
la pisada en falso del acróbata

y aunque volteada la pupila
sabe a pulmón seco
de mosca inconsolable
a huella solitaria o a café
no es ni páramo ni pez
la voz de quien seduce a su madrastra
con un alfiler roto
y un hilo negro y largo
colgando de una rama.

[Poemastro 28]

Se viene a marchitar ya casi
la eléctrica costura de una hoja.
El sauce parece estarse riendo
de las primeras premoniciones
del vampiro.
Yo soy como esa hoja aferrada
a la punta del eco de una llama.
Me borran me disuelven me trasvasan
unas manos muy blancas
que juegan a arrancar
de cuajo mis latidos.
Mas es de oro el puño alzado
contra moscas delirantes y
ceñudos pañuelos redivivos
que guardan una piedra
inexpresiva y negra
con relieves ordinarios
y matiz trascendental
como de paja o mimbre
como de roca adecuadamente sofocada
como sello de correo
a punto de zafarse.

[Poemastro 29]

Madre
hace tiempo
que me vengo muriendo
en tierra extraña
sin nadie a quien amar
o que me ame.

Hace tiempo la luna
se desgasta entre baldosas
arde y se ahueca
el friolento pómulo del agua
que refleja un rostro
muy barbado.

Hay alguien escondido
entre aquellos eucaliptos
que reflectan claridades impávidas
resonancias metódicas o ajenas
que atrapan las palabras al chocar.

Las hormigas en mi corazón
mascan presagios y angustias
de color nefasto
como irrigación
de la salífera
en los nabos podridos

un vacío como de araña muerta
se ha instalado de pronto
en mi ojo izquierdo.

Estoy atado a mi embeleso
como roca que se hunde
en su fornida levedad
tan difícil de prever o de ceñir
por tanta soledad
y tanta amnesia.

[Poemastro 30]

Los luminiscentes bulevares
expulsan el pulmón de la cigarra.
En vano nos inunda el sinsentido
con su vaho estratégico de acanto.
Pierden sus alas los murciélagos aislados
las mandíbulas del gato son melosas
y por eso al rojo vivo acuden
el escorpión sin pinzas
y la gaviota exasperada.
Yo camino despacio
entre la gente que tropieza
adrede con el viento
y me pierdo sonriente
entre un ladrillo y otro.

[Poemastro 31]

Mi vecina se duerme en el sofá
con sus medias azules y su bata
semi transparente
yo acaricio su larga cabellera rubia
a medida que aumenta la canícula.
Su marido ya no vive con ella
desde que supo que entre ella y yo
hay un misterio que lo ha desconcertado
algo brumoso y dulce como
aplanar las teclas del piano
a medianoche
o subir a la recamara soltando
el blanco calzoncillo en la escalera.

[Poemastro 32]

Las piedras se desuellan el cutis
con el sexo sin origen de una mosca
mordida por mi novia en el diván
las patas de la mosca son largas
y peludas
y se parecen a un retrato
que guardo de mi novia
en un cajón

rojas patas inmóviles
de lluvia
con las que suelo bailar
en los mercados.

[Poemastro 33]

Hermosísimo artefacto creado
por un céfiro nocturno
bajo las hojas muertas que vuelven
a cubrir con lluvia
la piel tiznada y leve
de algún escarabajo descontento.
Esta lluvia mecánica de acero
se la pasa conversando con fantasmas
las baldosas delirantes
resuenan como un coche de madera
tirado por caballos
estoy sentado afuera en la calzada
cubierto por un toldo de metal
mi fantasma y yo bebemos vino
conversando sobre viejos propósitos
diversos.

[Poemastro 34]

Está la noche absorta
como un demonio albino
macilento y cruel.
Su crueldad consiste
en dividir cada minuto
en ciento ochenta horas.
La noche
soñolienta o perdida
en el mentón de Heráclito
repitiendo las aguas
de este río enamorado de
la sangre que lo lleva.
La noche es un amigo
disfrazado de Polifemo
un Polifemo demasiado obsceno
destornillado y vanidoso
en una calle llena
de encantados murciélagos
muriéndose de frío.
Más allá
borrachos
hacen bromas
fumando
bajo la luna inopinada
lujuriosos señores
de vistoso frac a cuadros
y diez polichinelas soñolientos.

[Poemastro 35]

Se oye hablar a las mustias
cabecitas aprensivas
de lo mucho que se cuelgan
los buitres de mi pecho
para ahogar una tristeza
demasiado inauténtica
auricular tal vez
como los barcos
que ahondan las pupilas
en los muros.
¡Oh como dañan las polillas mi canción!
¡oh como es de intenso el color de la aspirina!
¡oh como vuelven a nacer las uñas
de los sastres!
¡oh como seca el sudor
su propia lluvia fría!

Se oye hablar muy mal
a las tijeras de los montes
estropeados

sin embargo
estoy en los suburbios
subversivo
amputando las orejas
a mi ombligo.

[Poemastro 36]

Los ángulos obscenos de la llama
nos muestran las tangentes
de otros ángulos sin vértices
rebasando los ciento ochenta grados
de los vórtices voraces donde mora
la corneja

entre dorados pedruscos matinales
parecidos al maíz purpúreo
que crece junto a los portales
de las casas inhóspitas

entre lombrices blondas
y subyacentes yoes
que nos muestran
cicatrices sucesivas
con ojitos rosados de peluche.

[Poemastro 37]

Estoy desdibujado madre mía querida.
Estoy huero como lirio de algodón vencido.
Estoy andando sin saber hacia donde
como los sonámbulos que dan pasitos
de colibrí ante una flor translúcida
terrosa impenetrable
y te he dejado allá
sola
envejecida
con tu esposo ya ciego
o casi muerto
como se deja junto a un pozo
la inesperada hiedra cándida
que avanza.
Estoy desdibujado madre mía querida
enfermo de los nervios
paralítico de un brazo
sumo a mi dolor salvaje
la falta de memoria
la cobarde impaciencia
de escribir en los muros
palabras inconclusas
ilegibles
el exceso de pánico.
La precaria luz de la buhardilla
me calcina por dentro.

[Poemastro 38]

Las humildes colinas que llevan
a la empobrecida ciudad agraria
donde se tiran de cabeza
los muchachos contra los pinos
más robustos
y se llenan cubos innumerables
de alas dóciles
mientras cansados de arrastrar
pequeñas lápidas de arcilla
los trenes se retrasan por la lluvia.
Hay un destello cóncavo y oscuro
que abre caminos clandestinos
en el cielorraso.

[Poemastro 39]

Llevan los náufragos lámparas
muy finas de soledad insumisa
transferible únicamente
a los neutrales pingüinos inocentes
que muelen exquisitos riscos
cubiertos de papel o azúcar.

Rebeldes irascibles son los montes
corroídos por el sueño cristalino
de una lámpara insistente
tal vez demasiado inofensiva
demasiado maternal
demasiado benigna.
Junto a una cueva
arde solitario
el amplio sueño marginal
de aquellos náufragos.

[Poemastro 40]

Las rocas áridas se abren
en una sola dirección
hacia el conjuro ronco
de los rascacielos.
Me va a tronar la mano
ya sin huesos
con la que escarbo y escarbo
en mi consciencia díscola
oh cobarde desamparo
desfigurado anhelo
conciliador de cicatrices
oh pedregal donde se ahoga
el instinto miserable
de esta hora de ensueño
que me parte en pedazos.

[Poemastro 41]

El mar amor nos niega su ajedrez
transmigratorio
nos da sus pánicos apenas construidos
en forma de panoplia y desazón

pero también amor
el trozo de papel
donde escribo tu nombre
es inaudito o salvaje

amor amor mi amor
el mar y solo el mar
nos da la luz
que se oculta en el fondo.

[Poemastro 42]

No sé si puedas tú vivir con
un hombre como yo
que miento siempre
y que siempre te engaño con la luna
o el sueño de los girasoles que se tornan
oscuros

no se si puedas tú amar
a un hombre como yo
que te engaña de vez en cuando
ocultándose de ti
para poder escribir
poemas antagónicos e inútiles
tal vez inoportunos y monótonos
tal vez inofensivos o infernales
tal vez tan dolorosos como el mar
o tan nocivos como el cielo
que existe solamente para alegrar
al viento y destrozarlo.

[Poemastro 43]

Abacorado por lo que está
debajo del cogollo
entre la yema aguada y la uña desprendida
entre el granizo impuro y la salmuera atroz
dividido fláccido impalpable
casi oblongo y casi nada
acorralado por un rayo de sol
que acaba perpetuando lindes púdicas
y pálidas
monóculos anclados en lo blanco del ojo
turbio azogue del amanecer
en el trópico
la lluvia allí ya seca
diamante falso
en una caja
llena de arañas del Olimpo.

[Poemastro 44]

Frialdad espeluznante algodón ínclito
atravesado por una voz
una voz meticulosa fina
desmedida en los vórtices remotos
imperiosas premoniciones
del mapache
ya escondido en sus niveles albos
asustado
o intranquilo
como el dado que al caer al suelo
se corrompe
delatando centrífugos deseos
inestables
abriendo en las cenizas
la vena de mercurio del zapato
y la agonía exuberante
de un espejo encapsulado.

[Poemastro 45]

Bajo las huellas
del sicomoro andante
arde sin proponérselo
el leguminoso cielo
de cebolla púrpura
las piedras arden
entre limones exprimidos
y gardenias locuaces de lejía.

Cerca de mí a la deriva
agonizan las ubres
de lavándula del fuego
permanecen incólumes
la selva y el sonido
que produce la sangre
en un cuerpo dormido

la noche como ferrosa espátula
arde en mitad de la garganta
sin desprenderse
de las columnas vibrátiles
que se colman de sol y cicatrices.

Soleadas cicatrices
que entrechocan
para hilvanar esporas
ególatras de vino.

Brindemos amor mío
por lo que va a quedar
de este instante precoz
que surge del vacío

brindemos por este instante breve
que nos devuelve sombras y cuchillos

mientras creamos una luz
que nos divierte
o divide noche a noche
una luz que en vano
vivirá sin nosotros.

[Poemastro 46]

Las esferas colman de gritos el pantano.
Los ánades se ahogan en mi mano
se trasforman en bolitas de algodón.
La lámpara de la calle está desenfocada
casi no se ven los árboles de enfrente.
Mi vecina es un coche irremplazable
su excesivo combustible enternece
las pupilas de los transeúntes.
Su vestido corto está raído
y pueden verse sus senos impalpables.
Una gaviota entre sus muslos
nace ávida de menta o de ceniza
está demente el tren varado
en el desierto
golpea con sus alas negras
mi frente descosida.
Mi vecina camina sobre el puente
hacia un extremo que no existe.

[Poemastro 47]

Soy apenas el desenlace
de mi soledad perpetua
el arco triunfal de la agonía supuesta
la mancha de vino en mi camisa blanca
seducida por el vaho de los perros
que son como una casa
arrancada por el viento.

Yo vivo en esa casa
donde nada soy
excepto una garganta
que serpea
entre las dunas
o se despide de una sombra
mía ya borrosa en la pared.

[Poemastro 48]

Nada tengo y es lo justo y lo contrario
a cualquier exceso vano bien medido:
si pierdo lo que no tengo por designio
ya de la pereza o la embriaguez
algo gano de esa angustia precoz
que sabe a descontento
mas pierdo nada con perder mi nada
mi nada constreñida y bien minada
mi nada que me salva de la nada
por un color ambiguo
que parece selva y es naufragio.

[Poemastro 49]

Selva solo de arriba para abajo
como una telegrafía inverosímil
naufragio incalculable el de
esta discreción tan obstinada.

Me decido una vez más por
el señuelo de la mala vibración
que emite mi contrario al saludarme
con rostro apolillado y alma fofa.

Me aprieta con su mano carbonizada
este sol de las cuatro
que es mi pipa.

[Poemastro 50]

Nos horripilan el framboyán y la salmuera
no por la forma de sus flores dulcísonas
ni por el olor a pescado de las olas recientes
sino por los tordos insumisos
que vigilan día y noche
desde las hoscas ramas veraniegas.

[Poemastro 51]

Cuando quise reír me dio por caminar
alrededor del cuarto con tos y mal humor
me eché de bruces sobre el suelo
con las antenas rotas y una pipa
de marfil que heredé de mi padre
cuando quise ser yo me mutilé
del cuello para abajo todo cuanto
me hacía dudar y retorcerme como un gusano
oculto en mi camisa.
Cuando quise navegar por los mares intactos
me puse a construir
un pájaro de naftalina
rojo
que se perdió tal vez entre las ramas
de los fresnos en mi país natal
que es un villorrio intervenido
arduo como el aceite malo
despistado como el olor a sal
de las plumas del ganso
secreto húmedo y maldito.

[Poemastro 52]

Yo vivo en un villorrio etrusco
entre zumbidos de moscas
y bermejos alacranes
con una luz redonda
golpeándome la frente

el suelo donde piso está formado
con cáscara de nueces amarillas
y gorjeos de búhos atontados
gorjeos que parecen gárgolas

allí los perros y los árboles
ladran a los hombres con frac
de pacotilla
la hidrófila manecilla del reloj
acaba de romperse y hundirse
majestuosamente.

[Poemastro 53]

Yo vivo entre los fresnos
en el bosque rosado
donde los peces mudos
me arrancan el sombrero

me revuelven el pecho
me sacuden las venas
y las llenan de vino
un vino que ya
no sabe a nada.

Ahora que se ha detenido
el tiempo para siempre
el sol el insigne sol intransigente
calienta mi nariz
sobre el asfalto crudo.

[Poemastro 54]

Los peces paranoicos tienen
los ojos rojos de los rubios
banqueros de quinina.
Los peces antagónicos
duermen al aire libre
sobre una banca roja
en un parque desierto.
Los peces funerarios
se regresan al lago
bosquejando y silbando
una canción inaccesible.

[Poemastro 55]

Yo vivo debajo de mi sombra
entre los níveos sapos cabalistas
con manchas grises en los pómulos
cabales como el asma.
Enfurecido por el calor salífero
de las almas marchitas
que ponen huevos azules
adentro de las rocas
borro mis pensamientos
con palabras.
Los zurdos gavilanes indiscretos
golpean con una vara de guayabo
muy oscura
mi ventana recién iluminada.
La noche acelera el crecimiento
de las remotas ínfulas nevadas
que dividen los colores en fragancia
y las fragancias en siluetas
de hipocampo.

[Poemastro 56]

Amo tu sexo impío
irreverente dulce
y como agónico
tu sexo que huele a gasolina
y a goma de mascar
amo tu sexo tierno y agrio
como alondra robada
a la tormenta
amo los girasoles apagados
en el lúbrico almanaque
trotamundos de tus pechos
borrachos
amo tus cicatrices deletéreas
y tu afán de cubrirlas con
tu mano hermosísima
amo tu soledad que
torna gris el cielo
ya sin pájaros
y amo los espejos en invierno
y tu blanco pañuelo
con rúbrica marrón.

[Poemastro 57]

Sangran las gotas de agua
entre las dunas coloradas
arcaicas o sublimes
que el viento torna inalcanzables

se vislumbran ambiguas
catedrales herméticas

las gotas de agua
inquietan a la iguana
que se aleja de su madriguera
con cierta desconfianza
porque ha llovido mucho
este verano.

Este verano las águilas crecieron
y ahora son tan grandes
como una madreselva
o como un reloj de sol
con dos estatuas.

[Poemastro 58]

Las estatuas son grises
porque el cielo las persuade
y olvida
mas los pájaros se acercan
para luego perderse
entre los árboles monumentales.
La ciudad es perfecta
para los ratones
y también para los gatos
que predicen la tinta
de las voces plegadizas
y los endebles quitasoles
de papel.

[Poemastro 59]

El automóvil negro
con capota también negra
se subió a la calzada
con dos llantas en la calle
sin asfalto
a dos pasos de mi casa
doblegando la entrada
al callejón
cerca de la iglesia.
Allí también está el parque
y más al fondo se sientan a fumar
las muchachas floridas
que mascan mariposas
en los supermercados
de la zona álgida
es decir
donde se pierde la arboleda
y la basura está regada
las farolas ya no encienden
como antes a las ocho.

[Poemastro 60]

La silla cuyo forro está podrido
nos ayuda a planear algo positivo
sobre los pensamientos
que se forman con hojas
muchas hojas apiladas
secas malogradas
que se revuelven
al mero roce de la brisa.

Un poco de mimbre
y leña seca en el invierno.
Todo lo repone el mimbre
con su ciencia futura
y todo se organiza
gracias a la fuerza
o al equilibrio de las fuerzas
intrínsecas verbales o intangibles
como una chimenea.
Simples acuerdos naturales empiezan
una danza y se deshacen
en la entrega cuerpo a cuerpo
de la plata con la plata y el rubor del papel
que da placer al fuego.

Las avecillas usan todo lo que pueden
para hacer sus nidos
incluso jabón blanco y mantequilla.

Las lombrices hacen túneles
de lodo con las nubes de lavanda
que son la novedad en todo intento
por aniquilar el largo asombro matinal
que producen de pronto las palabras no dichas.
Asombro ante la nada del silencio
padre y madre de la angustia del hombre.
Lo que callamos inquieta demasiado
porque no se conoce su verdadera dimensión
hasta que hablamos
y al hablar rompemos
la conexión inalterable
con la realidad
que es como un trompo
un girasol
una canica.
Las nubes más grandes se quedan quietas
o avanzan sin moverse
mentalmente.
Está claro: las palabras no nos sirven
para desenrollar un arcoíris
mientras nos ponemos sin ayuda del prójimo
la armadura con la cual atravesamos
la avenida a pleno sol.
Somos casi felices cuando nieva
y las cuevas del infierno
están vacías.

[Poemastro 61]

La niña enjuta venia unida
a su paraguas de colores claros
con astil de alquitrán
en forma de pato bermejo
evadiendo los charcos
y mirando de reojo
como los saltamontes en verano.

Con asombro sus ojos le
mostraron una imagen
grotesca de su padre
y reculó llorosa hasta topar
con un perro inverosímil
cuyas legañas le impedían
ver el mundo a su alrededor

así que se orientaba por las voces
de las damas que iban o venían
del mercado
bajo la llovizna interminable
de aquel martes.

La niña enjuta con su paraguas
de colores se quedó inmóvil
mientras la brisa la arrastraba
y envolvía como a un asteroide
misterioso.

[Poemastro 62]

El húmedo temblor de mis labios
o el húmedo temblor de los tuyos
inventa un universo paralelo
que de noche es como espuma
o agua en nuestra cama.

Un agua con espuma muy roja
que produce sonidos esplendentes
como los de unos zapatos de charol
que se quedan en la puerta
esperando una señal.

Entonces encendemos una lámpara
y el niño entra con sus zapatos de charol
como indeciso
preguntando por la abuela
y su disfraz de Mussolini.

[Poemastro 63]

Hemos tenido que alejarnos
de nuestros hermanos y amigos
por el resto del tiempo
a pesar de los campos muy verdes
y del oro guardado en un cajón de tablas.
Se ha vuelto negra el agua
que bebemos en compañía
de los malos amigos.
Dijeron en la sombra
lo que en sombra quedará:
"que cada quien elabore
su telaraña lo mejor que pueda."
Y volvieron la espalda a la montaña
recogiendo sus prendas de valor
y cargando con todo
se fueron marchitando con los días
al igual que nosotros
pintorescas criaturas anodinas.

[Poemastro 64]

Le inyectaron nitrógeno y tialina
en la blanca vena desvirgada
llenaron de algodón y óxido
sus ojos ya vacíos.

La niña reía sin parar
porque era jueves
y el sol estaba tibio y estrujado
en un rincón violeta
con narcisos colorados
y asteroides.

Una tos persistente inundó
todo el cuarto.

La niña siguió riendo
y tosiendo
y se agrandaba paulatinamente
su cabeza cuadrada.

El mundo dejaba de girar
pero la niña daba vueltas
y vueltas y vueltas

y su risa resonaba en los pasillos
cada vez con menos fuerza.

[Poemastro 65]

La noche entra por la ventana
apuñalada por la espalda
atentos grumetes de alcachofa
la persiguen
la oscuridad desenlaza un zapato
y lo arroja hacia la calle.
La noche está sobre mi cama
desangrándose
inmensa
con el alma colgando
de un cencerro.
La ciudad está en llamas.
Sofisticados señores intercambian
monedas rusas por heliógrafos.
Yo espero el tren de las doce
y no llega.

[Poemastro 66]

Una señorita está tocando el timbre
a medianoche.
Abro y se desmaya. La llevo
hasta mi cama y allí la dejo
descansar.
Me acuesto a su lado sin
poder dormirme ni un instante.
Cantan los gallos al amanecer.
Se ha ido a caminar por la arboleda
sin escuchar los agresivos ladridos
de los perros.
Se ha ido no sé adónde.
¿Será que la imagino o la he soñado?
Un olor dulce y musical se cuela
por la ventana medio abierta.

[Poemastro 67]

Los asteroides imaginan
gladiolos y helicópteros
engendran asteriscos
y ateridos heliógrafos anómalos
se pegan a la ropa limpia
con un martillo rojo
desahuciado
las costras de los labios
incendian cada beso inorgánico
en los trenes oprimidos
por la prisa de los túneles famélicos
que se encogen hasta quedar inmóviles
sobre una mesita de cristal
al lado de mi cama.

[Poemastro 68]

El mar está pariendo un asteroide
un asteroide que ha crecido
un año en la bañera
solo
sus amigos ya se fueron a ordeñar
piedritas y a echar discursos a los
cíclopes adictos a la sed
como los cactus impertérritos.
El mar está pariendo moscas
en el bar de los suicidas
moscas tan grandes que no caben
en este vecindario plagado de judíos.
Un día de estos se acordará el reloj
de dar las doce y cerrar la puerta.
Un día gris vendrá a sentarse
junto a mí el mar henchido
y beberemos vodka
ante la estatua del poeta
y andaremos las calles tropezando
con ardillas muertas
y una dama de negro pasará sin ver
la luna entre los charcos.

[Poemastro 69]

Hay tres cuervos sobre
el alambre eléctrico
tres cuervos que miran
a un hombre macilento
que va a cruzar la calle.
Sus anchos pantalones
de color café intrigan
a los cuervos impasibles.
Otros tres cuervos se posan
todavía más cerca
y otros nueve pasan juntos
rascándose las plumas
con un tenedor sofisticado
costumbre cérvica imagino
contraria a la evasión del tren
que llegará a las cuatro.
Otros cuervos van
cubriendo el hilo negro
de un extremo al otro
mientras se escucha la voz
de una niña rubia y coja
que va pisando el suelo
con un zapato alto
tan rojo como un ganso
enamorado de un cascote.

[Poemastro 70]

Las últimas pirámides
ya negras
nos hablan de la luz
que absorbe el agua
cuando cambia de orilla
el color ámbar
y la pequeña lámpara
en la mesa nos alumbra
un instante.
Nadie canta ya los cantos
del suicida
ni siquiera la noche
cómplice del acuario donde
duermo.

Los perfumistas celebérrimos

Ciudad

La ciudad es pequeña y miserable
y huele a flor de clavicordio
o a lenteja podrida
en una funda luminiscente
de papel.
Es jueves por la tarde
y casi ya se siente
la fresca brisa del mar.
Poco a poco se va llenando
de paseantes y mendigos
todos muy apuestos y corteses
con el rostro cubierto
por el sol tropical.
Voy despacio por la acera
leyendo unas palabras
en el diccionario
palabras que uno olvida
para luego acordarse.
Una señora vestida de duquesa
escupe desde el sexto piso
y su saliva parsimoniosa y dulce
cae en mi cabeza.
Yo enciendo un cigarrillo
y sigo andando.

Clavicordio

Uno quiere decir "sí" al clavicordio
y escuchamos que decimos "no"
uno se confunde de escalón o de nube
y se desliza como una aguja nueva
en el tobillo.
Uno aprende a sentir el dolor
sintiendo lo que está detrás
el objeto
que nos sumerge en realidades
contradictorias.
Preferimos decir que la vanidad
o el ocio de la vanidad
o la risa que se incendia con la risa
de los que saben reír
es lo que es simbólico.
Es casi así de ancho el muro
que separa la ventana
del espejo
en este cuarto para mí contrito
sabiamente incoherente.
Encontramos discos incoherentes
y ratones que dan pasos incoherentes
en la oscuridad.
También el clavicordio tiene
su propia filosofía de la vida
la cual consiste en decir "no"
todas las veces posibles.

El oficio de escritor

Uno aprende a descifrar palabras
a comprenderlas y a jugar con
dos o tres elementos esenciales
que conforman una telaraña regular.
Antes de verla enarbolada
en un rincón del cuarto
buscamos el origen:
helo allí en aquel puntito negro
con velludas patas y un abdomen
lleno de hilo.
Es un hilo azucarado y pegajoso
que se elabora secretamente
con filamentos de almidón.
Un almidón inadecuado para el cabello
crespo porque lo endurece y calienta
hasta que explota con todo y cráneo.
El oficio de escritor es algo bárbaro
se aprende desde la matriz y se pierde
el encanto.
Es mejor aprenderlo en medio del ruido
y no en la soledad.
La soledad se inventó para gente
rudimentaria
gente cursi sin un motivo real
por la existencia.
Un escritor lo que se dice un escritor
es algo así como una mosca

necesita comida sexo y atracción
necesita calor y muchas mañas.
De nada sirve escribir
poemas descriptivos
poemas estrafalarios
o novelas superfluas.
El mundo está repleto
de falsos novelistas
y de poetas mediocres.
Lo que necesita el mundo ahora
son criminales en serie
poetas suicidas y mujeres
involutivas
capaces de parir hombres
y no esa comezón irreflexiva
esas falsas promesas
que vemos por doquier.

Mosquito

Viene tórrido perenne
melancólico mosquito
y me sopla tiernamente al oído
honda sonata circunspecta
confesión cantada de un camarada
inadecuado.

Desde hace cien años está cantando
la misma melodía barroca
se sienta en esta banca de piedra
junto al río
a mirar la tarde
que se ha quedado inmóvil
con dos o tres colores
desprovistos de armas.

El cielo está tan alto
tan alto
que ya casi no se le alcanza con la vista
las pocas nubes parecen
flecos de algodón.

El sol maduro y cabizbajo
mete ambas manos en el río
buscando peces muertos
acercándolos a la orilla
sin despedazarlos.

Los barcos que van lejos
desdibujan corazonadas
y destellos de sobriedad
sonámbula.

Es una brisa inquisitiva
o despiadada
que mata los pensamientos
según llegan.

El mosquito no para de darme
discretas instrucciones
que sigo al pie de la letra

¡cómo desafinan caro amigo
los mosquitos bicípites!

Quietud y languidez
absorben el paisaje
altos cerros pelados
y el polvo del camino
manchando de salitre
mi camisa blanca.

A nuestro alrededor
algunas casas feas
tumbadas a los lados

como adoloridas
y marchitas
dan un toque femenino
a las hojas de abeto.

Hay tanta monotonía y desencanto
tantos rostros amargos
con los ojos vacíos
que al pasar muy lentamente
hacen una horrible mueca.

Pasan junto a una sucia
pared descascarada
detrás de la cual
se esconden de la luz
una damita con rostro de huevo
y un mancebo enclenque
perspicaz
con más orejas de lo conveniente.

El viento arrastra la basura
con la lluvia
una lluvia inmortal de avispa ciega.

Entonces el mosquito
transforma la pared en
una ardilla encinta.

Cielo claro

Nunca había estado
el cielo tan claro
ni tan desbordado
con nubes apenas perceptibles
y colores espontáneos.
Entre una y otra nube
un pájaro se queda inmóvil
esperando no sé sabe qué.
Nubes
altas nubes desfiguradas
terminan en el polvo
viejas máscaras perplejas
mariposas de jade
vuelven a la vida
después de veinte siglos
el cielo limpio sin nubes
y sin sol
jugando con mariposas y conejos
en el patio
como mujeres fantasmales
en la oscuridad.

La máquina de vapor

Vimos las fumarolas en el cielo
a punto de estallar
los barcos volvían de paisajes
robados a las nubes
tristes nubes rupestres
que no sabían arder en soledad.
El cielo ahora es una brasa
tísica apagada bajo
el zapato de los escolares.
El cielo a punto de estallar
nos recuerda aquella máquina
de vapor
que los niños blindan todavía
con tinta de los huracanes
extraviados.
Las tristes nubes rupestres
arden bajo la alfombra
entre gente minúscula
que va y viene
cargando una lata de carbón
o un pescado amnésico
forrado con papel de cera.

Cementerio

A esta hora el cementerio está vacío.
Los cadáveres se quedan
tentativamente ausentes
organizando sonidos que no entienden
y produciendo con ellos
silencios que duran un segundo.
Yo vengo a dormir a veces
bajo este almendro tosco
estéril.
Si llueve como es normal
que ocurra en primavera
me cubro con un trozo de lona
o con periódicos del día anterior.
He aprendido poco de los hombres
pero poco es bastante para mí
prefiero la secreta compañía
de las ratas hambrientas.
Cada día nos dan un punto de vista
difícil de olvidar.
Pensar en ellas
poder vernos en sus ojos vivaces
y vivir todo el tiempo sin esperar
de la vida un milagro
alcanza para la eternidad.

El gato ahorcado

Al lado del camino hay un árbol
bajo el cual se sientan a preconcebir
los buenos camaradas de esta fábula.
Uno tiene por mascota una gallina enferma
y el otro un perro flaco de color ceniza.
Se trata de dos hombres afanosos
que viven de la suerte de ahorcar
gatos. Los ahorcan por gusto
más que por razones de alcurnia
o para evitar inundaciones
en los barrios pobres.
Fue así que una mañana de llovizna
ahorcaron a Esculapio
mi felino desquiciado.
Hoy misteriosamente uno
de los dos bribones se balancea
de una rama impía
y el otro está boyando
en una alberca de madera
allá donde se puede vislumbrar
dormido a un perro deshuesado.

Bellotas alfileres

El sol tuerce las ramas
con sus dedos ecuánimes
tan fríos como el caparazón
de un microscópico
escarabajo de ceniza
se oculta en los arbustos
de la izquierda
que son altos y delgados
y pueden resistir el fuego
en primavera.
el viento cruza con el rostro
cubierto con un paño engomado
tropieza con las piedras
y las ramas caídas del guayabo.
Se eleva por encima
de las altas montañas
y no regresa más.
El sol de la tarde languidece
escondido entre piedras y raíces
mientras los hombres
se divierten con bellotas
y alfileres.

Desasosiego

Cada vez que llueve
(y llueve con frecuencia los domingos)
se filtra el agua en aquella parte
de la casa que siempre huele a
fósforo quemado.
Primero se forma uno aquí otro allá
y luego otro y otro y otro charco
hasta que se juntan y forman un río.
Papá se mete al agua con ligereza
y remedia cada aspecto del problema
pero vuelve a llover
y ahí está el agua otra vez
dañando todo.
Todo se va de pronto a la basura
y ahí se queda por uno o dos meses
hasta que viene el camión a recogerla.
Cuando hay sol y la lluvia
tarda en caer es un primor
las gardenias se multiplican
y las gacelas acaban con
la hierba de aquel lado.
Los conejos las ardillas los ratones
rodean la estación de tren
y a veces se mueren
de tanto ir y venir.

La ventisca

Se ha llevado mis papeles la ventisca
se ha llevado el sol y las gardenias
se ha llevado a mi perro
que era manso y solo tenía un ojo.
Hay otro sol detrás de la ventisca
un sol que desespera a las gallinas
y seca poco a poco la laguna.

El puesto de periódicos

Detrás del almacén de alfombras
un poco más allá
donde termina la calle del obelisco
está la licorería.
Por ahí cerca a unos pasos ciegos
queda la estación de tren.

Me siento debajo de un árbol
a leer a Kafka
con una jarra de café recién colado.

A la entrada del callejón está
el puesto de periódicos.
Tiene una fachada de postguerra
con un marciano adentro que
vigila a todo el mundo.

El marciano lleva en la mollera
un peluquín barato
y siempre está fingiendo
una sonrisa o limpiando
con una escoba los alrededores.

Cuando el tren pasa
se estremece
la ciudad completa
como si fuera de cáscara

de huevo.

Ya no leeré a Kafka
en todo el año
ni el año siguiente
ni el que viene después.

Me duelen los testículos
de tanto estar sentado
escupiendo a los lados
como un marciano pobre
que se ha puesto mi disfraz.

Repetir lo escrito

Los poetas repiten siempre
los mismos temas
las mismas palabras orgánicas
llenas de sosiego y primor
repiten los mismos
ademanes incoherentes
y todos tienen un mismo rostro
disparejo
surcado por un naipe
gastado por el uso.
También yo de momento
siento que me repito
en todas direcciones.
Es una vaga sensación sin importancia
como sacarse un zapato con el pie.
No importa ya lo dije y volví a decirlo
y lo digo otra vez para que escuchen
en silencio mis palabras
lo digo así rasgando el algodón
limpiando este monóculo sin brillo
de verdad que no importa si me repito
la repetición es constancia.

Los perfumistas celebérrimos

El viejo tren de pensamiento árido
es una lata abierta con mil náufragos.
Los náufragos ensordecidos
por el interminable cuchicheo
de los perfumistas celebérrimos
observan a los pájaros marinos
desde el fondo desportillado
de una lágrima.

Hay que tener olfato
como los perfumistas
cruzar las piernas en "s"
como los perfumistas
arrastrar el corazón
sobre brasas de olor
como los perfumistas
y sacar conclusiones esdrújulas
como los perfumistas.

Luego colocar colchones ortopédicos
encima de los árboles frondosos
para que los monos esmerados
en escupir sobre las golondrinas
puedan echar la siesta de las tres
cuando es preciso.

Fonógrafo alquilado

El abedul y la paloma

Para María del Consuelo Lozada Irizont

Las aves sensitivas
con ojos de follaje
no saben lo que sabe el sol
que duerme de costado
como espejo melódico
de alumbre.

El sol se oculta
a veces
en una gota de lluvia
de color lunático
muy dulce
y reaparece en otra gota gris
tatuada en la madera.

La lluvia es una orquídea enamorada
midiendo su esplendor con piel de toro.

El sol predice sombra
y se hace húmedo
predice el hueco donde está mi mano
buscando un girasol azul
entre las piedras.

La sombra se convierte
en cuerpo de mujer ya tibio
y perfectísimo

con ganas de acercarse
a la raíz del remolino.

Hay en cada remolino remachado
una infanta con cuello de madrépora
inconmovible o bella como un ánfora

es una infanta que no sospecha nada
del dolor de las plantas
que viven del bosquejo de una chirimía
emitiendo sonidos paralelos.

Lo que sospecha el fuego
madre mía
lo que sospecha el fuego de sí mismo
en este instante donde esta
tu mano alzando
el canto blanco del jilguero
lo olvidan sin saberlo
el abedul y la paloma.

El lugar sombreado

Entre los muebles viejos
y las viejas cortinas descoloridas
están los ataúdes forrados
con terciopelo rojo
los ataúdes mal pulidos
que se quedaron sin vender.

Sobre la mesa de la cocina
están los candelabros
con manchas de cera y vino tinto
y unas flores blancas
que van a marchitarse.

En la pequeña sala estamos tú y yo
mirando el techo y escuchando
un jazz inaccesible
"demasiado profundo" dices
y yo apunto con el dedo
hacia el lugar sombreado
del viejo anaquel liso de caoba
por donde asoma la cabeza
un enorme ratón de porcelana.

Sin darnos cuenta y sin motivo
verdadero ya estamos abrazados
como dos inocentes salamandras.

Entonces tú me besas
como el primer día
en que todo era intenso
y desproporcionado.

La sombra del vecino en la pared

Es una sombra aguda y melancólica
servil avariciosa y con ojeras
que acentúan su índole macabra
una sombra de azogue trastornada
de un color majestuoso angelical
entre azul y azufre
desdeñosa y silvestre como un piojo.
A veces su voz cobra la fría y seca
entonación de una libélula sin alas
nadando mar adentro sin un céntimo.
Su sombra lo persigue con un cuchillo
innato de dos filos y cabeza de cobra
nacarada.
Su mujer primorosa como naranja dulce
apenas tiene ojos que parecen perlas
perlas falsas desde luego.

Malgastar el tiempo

No sé cómo por gusto al raciocinio
malgastan el tiempo trabajando
madrugan día tras día para buscarse
una migaja entre la hierba negra
que pisan otros al pasar.
Si emplearan el tiempo riendo
sonriendo musitando
arrastrando los pies para orinar
jugando con las ranas o midiendo
la tierra con los brazos
serian verdaderos dueños de sus vidas
pero prefieren entregarlas a uno más astuto
a cambio de un salario miserable.
Es mejor pasar las horas
pegados a la ventana
o irnos caminando al malecón
haciendo nada
pensando todo desde el ángulo
más cómodo
discutiendo con nuestra sombra
que nos sigue adonde quiera
por lo que nunca estamos solos
ni perplejos ni aburridos.

Mensaje psicodélico

Las mujeres fabricadas en serie
paren de vez en cuando una
golondrina de cartón barato
animadas por un cordón de estambre.
Se perfuman primero los talones
luego el largo cuello por donde
se deslizan los cíclopes borrachos
y los acróbatas ya viejos
que vuelven a pintar de verde
las hojas que cayeron del manzano.
El manzano entre las piedras planas
y los copos de nieve sin manchar
cuyo color real colinda con el óxido
de las blancas orejas acolchadas
se ve solo e inquieto
como si le dolieran las muelas
o el estómago.
Es un viejo amigo y me preocupa.

Andar y andar

He andado desde niño
la ríspida ciudad llena
de trenes
entre seres apócrifos
con gafas para sol
y perros que te siguen
con la vista adonde quiera
perros cuyos dueños
dejaron de existir.

He andado por los montes
brincando empalizadas
con letreros que indican
"propiedad privada"

y me he vuelto hacia el mar
harta locura
cruzando sus orillas
nueve veces.

Nueve veces me perdí
en ciudades donde escuché
hablar de los cocuyos en
otro idioma igual de pésimo.

Es mejor hacerse el mudo
y no escuchar a nadie

y solo andar y andar
como perdido
entre la ropa que llevamos
sin planchar.

Para escarmiento de todos

La señora saca la cabeza para ver
por encima del hombro al señor
que da pasitos lentos hasta llegar
a una tarima donde hay un juez
con barba blanca y uniforme
también blanco signos de facultades
echadas a perder.
El hombre repasa los rostros
que logra reconocer a la distancia
la multitud está impaciente y colérica
estrena miradas de odio
contra el anciano.
La señora mete la cabeza
y se echa a llorar
pensando en los zapatos
que perdieron los tacones.
Entre los ejecutores hay también
un sacerdote intranquilo y cobarde
que cada cierto tiempo
levanta la barbilla.
Llega el momento deseado
el verdugo ha cortado ya la cabeza
de aquel desconocido
a quien dejaron allí
para escarmiento de todos.

Piezas

La lluvia trajo grajas
intenciones metafísicas
paraguas con varillas oxidadas
abalorios desprendidos
o craqueados
tachaduras con globitos
y esqueletos de murciélagos

y trajo una madeja tosca
y un barril de vino antiguo.

Entre las muchas piezas de museo
trajo un brazo de Pericles
y la máscara de un fauno.

Trajo un mirlo disecado
un genuino abracadabra
unas gafas de sol
del paleolítico
un gusano estrafalario
con cabeza de canguro
un tambor de puros
hilos telegráficos
y una flauta japonesa
que no suena.

El deseo de vivir apartado

Nada nos queda del olvido
ni siquiera el yunque
de la contemplación
irrealizable
ni la justa medida del zodiaco
ni el candado de acero
de la jaula de oro
no ha quedado ni una
sola aleta de la nube baldía
ni el diafragma de la soledad
en un café de barrio.
No nos queda el lucífero
día fragmentado
ni la hora fallida
ni el amigo que vuelve
a visitarnos
con su cara lavada
por el sol desolado
patético
craneal
como el deseo de vivir apartados
entre la luz y el vértigo
de las palabras enfrentadas
intensamente súbitas
perennes
desleídas.

Hormigas con café y pan tostado

El sol es el verdadero asesino de la soledad.
La soledad se enrolla en el atardecer
cuando regresan las cornejas
a la rama perdida.
Las hormigas rodean las migajas
de pan y las arrastran lentamente
como a un cadáver.
Nosotros calentamos el lado frío
de la cama con un calentador eléctrico
sumamos un pulmón de escalofrío
al sinsentido
entrelazando nuestras piernas
en la oscuridad como serpientes
majestuosas que soltarán mañana
a pleno sol
la piel sobre el asfalto.
Hay alguien en mitad del viento
construyendo para ti
una jaula de cegueras anónimas
pero tú enajenada por los ademanes
de una ciudad vacía
apenas comprendes la agudeza
de la cerradura
y el estrépito de los balcones con nieve.

Diez policías

Afuera
cerca de los quioscos
acosados por la lluvia
la velocidad de los automóviles
ha inventado la brisa
las calles por andar están sitiadas
los policías interrogan
a través de una ventanilla
de cristal a los nudistas incestuosos
y a las madres crueles
que mascan ojos planos
inundando los colchones
de néctares divinos
los policías al toser
mueren gangrenados
con un nudo de aire
en la garganta
diez policías sonámbulos
fanáticos de la luz eléctrica
atraviesan desnudos
la pared del manicomio.
Los parques clandestinos
agrietan las baldosas
intensifican la intención del búho
y se meten adentro de las flautas
tapadas con venas de muchachas golosas
que por veinte centavos

te muestran la espesura
de la leche en polvo.
A estos parques viudos
inextricables repoblados
después de algún derrumbe
vienen a follar de noche
los tóxicos poetas errabundos.

Fonógrafo alquilado

Hace días que escuchamos
jazz en la cocina
bebiendo vino malo
y conversando sobre cuervos y polillas
los cuervos son macizos enigmáticos
y muy sentimentales
hacen túneles complejos
entre la tierra blanda
y el aire que agoniza.

Las polillas en cambio
se sacuden una y otra vez
hasta soltar un polvillo metálico
            introspectivo
                        negro
            con cáscara muy blanda
            y necesaria
que sirve para lavar los azulejos
y tapar los agujeros
que hacen las niñas miopes
en los baños públicos
cuando están pariendo.

Ya es hora de deshacernos
de este inverosímil
fonógrafo alquilado

o tendremos que vender
la nevera
para poder salir en bote
de los charcos increíbles
que se forman cuando llueve.

Índice

Poemastro

Los perfumistas celebérrimos

Fonógrafo alquilado

Colofón

Esta segunda edición de **P o e m a s t r o**, de
José Alejandro Peña, se terminó
de imprimir en Arte Gráfico Nuevo Milenio
en Tampico, Tamaulipas, México,
en agosto de 2021
y consta de 1,000 ejemplares
más sobrantes de reposición.

Colección Ladera Este

Publicado y distribuido por
Editorial Neptuno

Francisco Villa 605-2
Colonia Tancol, Tampico, Tamaulipas,
C. P. 89320
México

Teléfono: +52 (833) 844-6557
w w w . e d i t o r i a l n e p t u n o . c o m
e-mail: libros@editorialneptuno.com

www.ingramcontent.com/pod-product-compliance
Lightning Source LLC
Chambersburg PA
CBHW021113130626
46554CB00002B/665